Vicente Martínez
Reinerio Saborit
Yuniett Rivero

La educación artística y el trabajo comunitario

Vicente Martínez
Reinerio Saborit
Yuniett Rivero

La educación artística y el trabajo comunitario

Componentes esenciales

Dictus Publishing

Cover image: www.ingimage.com

Publisher:
Dictus Publishing
is a trademark of
Dodo Books Indian Ocean Ltd., member of the OmniScriptum S.R.L Publishing group
str. A.Russo 15, of. 61, Chisinau-2068, Republic of Moldova Europe
Printed at: see last page
ISBN: 978-3-8473-8598-1

LA EDUCACIÓN ARTÍSTICA Y EL TRABAJO COMUNITARIO COMPONENTES ESENCIALES EN LA FORMACIÓN DEL INDIVIDUO DESDE LA INSTITUCIÓN EDUCATIVA.

ÍNDICE PÁG.

RESUMEN

La cultura, en tanto proceso de conversión del hombre en sujeto del movimiento histórico, presupone la formación del individuo como personalidad integral y su existencia como ser social. Esta abstracción se concreta en la existencia de cada hombre marcada por su tránsito por diferentes grupos de pertenencia, caracterizados por distintos fines, composición y niveles de organización. Este articulo recoge una panorámica general de la importancia de la Educación Artística para fortalecer el trabajo en las comunidades, aborda aspecto esenciales para el rescate y conocimientos de las raíces, tradiciones y costumbres que identifican cualquier terruño o nación del mundo, además relacionamos el papel de las instituciones culturales y educacionales como centro cultural de la comunidad, contribuye a mejorar actitudes y conductas en un ambiente físico y emocional de indiscutible valor para la sociedad y el desarrollo económico, político, social y cultural en relación con el devenir histórico y los cambios que la misma conduce en la forma de actuación del individuo.

INTRODUCCIÓN

Las instituciones educativas al asumir la comunidad como un escenario de valor estratégico determinante para el desarrollo social y decisivo en la propia continuidad del proyecto socialista, esta filosofía quedó expresada en el Programa de Trabajo Comunitario Integrado de la República de Cuba en 1995. Estos objetivos programáticos encuentran un escenario fértil en las condiciones actuales de nuestro Estado caribeño, no sólo por la fuerte voluntad política de apoyo al trabajo comunitario, sino también por la experiencia acumulada en este aspecto desde los años 60, los logros significativos de la sociedad cubana como son su nivel cultural y profesional y el importante grado de organización comunitaria junto al conjunto de organizaciones, instituciones, programas, proyectos y otras vías de influencia en la comunidad.

Entender el trabajo comunitario como movimiento de masas, como el modo de articular coherentemente los diferentes actores en función de promover su participación y dinamizar las potencialidades de la comunidad, implica tener en cuenta las múltiples formas de organización de la sociedad independientemente de su régimen social, desde las instituciones y organizaciones, pasando por la familia y otros grupos formales e informales, hasta el sujeto particular que incorpora en sí todas las relaciones vinculares descritas anteriormente.

Al describir la estructura actual de las instituciones formadoras del personal docente es imprescindible valorar, como elemento más distintivo el papel de la escuela como microuniversidad para consolidar el trabajo en las comunidades y a la vez que en ella se integran todos los componentes y procesos de la formación, lo que ha significado un replanteamiento de su concepción y funciones.

La relación sociedad- grupo- individuo, a nivel de la comunidad, se concreta en el hecho de que cada individuo recibe la cultura a través de su realidad más inmediata y, a la vez, ofrece su desempeño social, mediante el cual devuelve su reflejo particular de los sistemas sociales en que está inmerso, al mismo tiempo que actúa sobre su hacer cotidiano y perspectivo. De ahí que la comunidad haya constituido un escenario inevitable y trascendente en el devenir histórico del hombre.

Si relacionamos la significación de la comunidad para el desarrollo del ser humano y las contingencias a las que está enfrentada la humanidad y su existencia plural en los momentos actuales, encontramos las razones de partida para el rol estratégico y determinante que se le concede hoy al desarrollo comunitario y su énfasis en lo sociocultural que, motivado por las trágicas consecuencias de exacerbaciones economicistas pero concientes de los riesgos de ignorar o minimizar lo económico, deviene en el eje capaz de aunar tanta complementariedad.

En Cuba las instituciones educativas adquieren una alta responsabilidad en la formación integral de las nuevas generaciones, en tanto tiene como finalidad la formación integral del estudiante para que sea capaz de identificarse con su nacionalidad. El conocer y entender su pasado le permitirá enfrentar su presente y futuro para adoptar la opción del sistema social al que se aspira lo cual se corresponde con la política económica y social del país.

La Educación Artística tiene como fin la educación de las personas mediante las diferentes manifestaciones del arte y como objetivo fundamental educar en el ser humano la capacidad de valorar y disfrutar las diversas expresiones artísticas, las relaciones humanas (sociales y consigo mismo).

Muchos autores coinciden en que la identidad cultural asume la relación dialéctica entre la identidad y la educación, imprescindible en una axiología que concibe, en primera instancia, al sujeto histórico-cultural como protagonista del proceso de enseñanza-aprendizaje en la formación integral del individuo, ya que los estudiantes entran en contacto directo con hechos y fenómenos que ocurren en su medio, que les son propios, que forman parte del paisaje histórico y cultural donde se desenvuelven(comunidades); por lo que la formación de la identidad cultural local incentiva las repercusiones axiológicas de la asignatura Educación Artística.

Las expresiones artísticas, las relaciones armónicas de la escuela con la comunidad, las visitas a instituciones culturales, entrevistas a personalidades destacadas, el interés por la lectura y tradiciones, son aspectos que fluyen positivamente en la formación integral del estudiante. La escuela como centro cultural de la comunidad juega un rol fundamental en la formación de la identidad cultural local y contribuye a mejorar actitudes y conductas en un ambiente físico y emocional de indiscutible valor para la sociedad y para el desarrollo económico, político, social y cultural en relación con el devenir histórico y la forma de actuación del individuo.

DESARROLLO

El trabajo extensionista en la Educación Superior Cubana, tiene la intención de convertirse en un instrumento eficaz para la gestión del proceso extensionista en las universidades, las que desde las condiciones y realidades específicas sobre las que actúan, en particular hoy con su presencia en los municipios dispondrán del punto de partida para la formulación de sus propios programas y proyectos en correspondencia con su planeación estratégica.

Este programa está concebido con una máxima flexibilidad en su diseño y aplicación, de forma tal, que a partir de la dinámica y las condiciones del entorno, se pueda buscar un equilibrio coherente, entre las exigencias que plantea el desarrollo de este proceso en la educación superior cubana y las necesidades que demanda cada una de las realidades objeto de transformación por las universidades, teniendo en cuenta que se pueda dar cumplimiento al siguiente

El sistema de la Educación Superior vigente en Cuba desde 1976, establece la subordinación de las universidades de perfiles específicos fundamentalmente dirigidas a carreras de servicios a los organismos de la administración central del estado (OACE) correspondientes a su rama. Esta subordinación ha permitido fortalecer y desarrollar la vinculación entre los centros formadores y las instituciones docentes, las que según el principio de la pedagogía cubana de formar a las nuevas generaciones en la unidad de lo instructivo- educativo y desarrollador, esta presente en la calidad del egresado de nivel superior.

Las actividades de extensión universitaria juegan una función muy importante en esta compleja tarea como institución productora de conocimientos y generadora de cambios sustanciales. Las mismas se diseñaron sin que constituyan elementos o secuencias fijas, sino admiten reordenamientos e inclusión de otras que se consideren necesarias según las condiciones en que se desarrollan dentro del centro o marco comunitario.

La escuela como microuniversidad al describir la estructura actual de las instituciones formadoras del personal docente es imprescindible valorar, como elemento más distintivo el papel de la escuela como microuniversidad, toda vez que en ella se integran todos los componentes y procesos de la formación, lo que ha significado un replanteamiento de su concepción y funciones, aunque estructuralmente siguen estando adscriptas a las enseñanzas correspondientes.

Con la universalización se genera una nueva dinámica en la escuela; ella es responsable de la formación de los nuevos docentes, mientras que estos a la vez adquieren una responsabilidad directa en la formación de sus alumnos y asumen, de forma integral la dirección de todos los procesos educativos que en ella se desarrollan, lo que representa una doble implicación de la escuela en la nueva cualidad a la que se ha hecho referencia.

Para llegar a considerar que la escuela cumple realmente su función como micro universidades es necesario que esta se convierta en un modelo en su funcionamiento interno, que sea una fuente permanente de motivación para los futuros educadores y que se inserte coherentemente en la concepción pedagógica general de la formación docente, en estrecha relación con las Filiales municipales de los Institutos (CUM). Existen algunos procesos que son de gran importancia en el proceso de universalización para darle el apoyo a la promoción cultural

PROCESOS EN LOS QUE PARTICIPA LA ESCUELA PARA DECLARARLA COMO MICROUNIVERSIDAD.

En consideración al papel de la escuela en la formación integral de los estudiantes de las carreras pedagógicas, resulta conveniente precisar cuáles son los procesos fundamentales que se desarrollan en ella como microuniversidad, que pueden resumirse en los siguientes:

1- Entrega pedagógica de los estudiantes, que tiene como propósito que la microuniversidad tenga una adecuada caracterización integral de cada uno de los estudiantes que a partir e ese momento tendrán a dicho centro docente como principal núcleo de su formación; que le permita conocerlos e identificar tanto sus potencialidades como los posibles problemas que puedan presentar para su formación integral.

2- Preparación político-ideológica. Resulta significativa la atención que se brinda en a los estudiantes que se encuentran en formación docente, en ellas fundamentalmente se ejecuta dicha preparación, dirigida no solo a consolidar las convicciones y valores que los identifiquen como revolucionarios.

3- Trabajo investigativo de los estudiantes. Debe estar directamente relacionado con la solución de problemas específicos de la enseñanza de que se trate y en particular de la propia microuniversidad, lo que posibilita un adecuado desarrollo de las habilidades para la detección de los problemas a resolver de cada territorio.

4- Atención al trabajo de la FEU y a las actividades de Extensión Universitaria. Constituye un fortalecimiento del trabajo en diferentes esferas, para resolver los principales problemas que atañen a la escuela, se introducen nuevos métodos y estilos en la solución de los mismos y se incorporan actividades como son las de carácter cultural, deportivo y comunitario.

El proceso antes mencionado por su importancia en el cumplimiento a los objetivos de la extensión universitaria en las microuniversidades se deben implementar: Las cátedras honoríficas, equipos deportivos y unidades artísticas entre otras. En los cuales se derivan los objetivos estratégicos siguientes.

- Potenciar la dimensión axiológica en la estrategia de trabajo educativo con énfasis en las Micro universidades.
- Potenciar la dimensión cultural en función de la defensa de nuestra identidad nacional, la formación general e integral de estudiantes y trabajadores.

Es necesario aclarar que existen algunos aspectos medulares para conformar la estrategia de extensión Universitaria y para una correcta caracterización del estudiante para su desempeño en la microuniversidad.

- El diagnóstico del estudiante, será el punto de partida para dirigir el proceso de desarrollo cultural integral (influye visitas a museos, galerías de arte, cine y teatros, así como el hábitos de lecturas)

- La Filial y microuniversidades deben constituir modelos de instituciones educacionales que irradien cultura.
- Fortalecer la dimensión extensionista del enfoque integral para la labor educativa y político-ideológica.
- Estimular el desarrollo de la extensión desde las formas organizativas del proceso docente.
- Ampliar las alternativas para la superación cultural de los profesionales universitarios y de la población en general.
- Promover los resultados de la ciencia y la innovación tecnológica.
- Potenciar la realización de proyectos extensionistas dirigidos al desarrollo sociocultural comunitario.
- Desarrollar un sistema de comunicación interna y externa que propicie el diálogo, potencie la participación y posibilite la difusión y divulgación de la cultura y el quehacer universitario y social.
- Estimular la investigación en el campo de la extensión universitaria, así como la introducción y generalización de sus resultados.

ESFERAS DE ACTUACIÓN

Una vez culminado los estudios, el egresado de esta carrera puede prestar sus servicios como maestro de E. Primaria, E. Especial y E. Preescolar o profesor en secundarias básicas, institutos preuniversitarios o equivalentes, así como en institutos politécnicos y otros centros de educación general media básica y media superior, en correspondencia con la carrera.

CAMPOS DE ACCIÓN

Los campos de acción del educador graduado de esta carrera integran contenidos de Filosofía Marxista-Leninista, Pedagogía, Didáctica y Psicología, lo que contribuye a la formación de una cultura general integral, de base marxista-leninista, y martiana; así como los contenidos propios de la especialidad, de las que se deriva el contenido de los principales programas curriculares para el cumplimiento de sus funciones profesionales y otras instituciones sociales donde se realicen algunos de sus campos de acción.

En correspondencia con lo anterior, los problemas profesionales del educador son:

- La educación de sentimientos, cualidades morales, hábitos culturales, normas de comportamiento social, en correspondencia con los ideales revolucionarios de nuestra sociedad y las necesidades y los intereses de los alumnos.
- La satisfacción de las necesidades básicas educativas de los adolescentes y los jóvenes, y la orientación hacia las exigencias de formación deseada de hábitos higiénico-culturales, nutricionales, medioambientales y para la salud, que garanticen su preparación para la vida presente y futura.
- La dirección grupal e individual del proceso educativo, en general, con un enfoque desarrollador, científico y humanista, y la necesidad del máximo desarrollo posible de las potencialidades individuales de cada adolescente y joven, a fin de lograr una atención diferenciada y personalizada, como respuesta a sus necesidades educativas y de su familia, así como del grupo social al que pertenecen.
- El diagnóstico y la caracterización del adolescente, el joven, el entorno familiar y comunitario donde este se desenvuelve, y la necesidad de elaborar estrategias o alternativas pedagógicas y didácticas, y de preparación de la familia y los diferentes agentes educativos de la comunidad, que atiendan las debilidades o las fortalezas, y sus derechos como ciudadanos, que permitan unificar criterios educativos y lograr que todo el entorno que los rodea favorezca su educación y desarrollo integral.
- La orientación efectiva, ante la necesidad de orientar sus intereses profesionales individuales, en función de los intereses y las necesidades sociales, cuando así lo requieran.
- La valoración sistemática de su trabajo y los resultados, proyección de soluciones y perfeccionamiento, y las necesidades de la investigación

educativa y el autoperfeccionamiento profesional por medio de diferentes vías.

OBJETIVOS GENERALES

El egresado de esta carrera debe:

- Demostrar, con su ejemplo y actuación diaria, el dominio del contenido de enseñanza-aprendizaje de la carrera, con enfoque interdisciplinario, sobre la base de los principios y las normas de la ética profesional pedagógica, dirigido a la formación en sus alumnos de la concepción científica del mundo, de actitudes patrióticas, antiimperialistas, de amor al trabajo, cívicas y jurídicas, en correspondencia con las necesidades actuales de la política educacional del Partido Comunista de Cuba y del Estado cubano.
- Dirigir científica y creativamente, a partir de un adecuado estudio diagnóstico que realice, el proceso educativo y, en particular, el de enseñanza-aprendizaje de las disciplinas y las asignaturas biológicas y químicas, para el logro de los objetivos propuestos, materializados en el contenido, con la utilización productiva de métodos, medios y formas de evaluación, con énfasis en la observación, el trabajo experimental y el trabajo de campo, para el cumplimiento eficiente de sus funciones profesionales.
- Utilizar un enfoque científico-investigativo en el tratamiento del contenido de enseñanza-aprendizaje, que contribuya al desarrollo del pensamiento lógico y creativo, despertando el interés por el estudio de la carrera, mediante variadas formas de trabajo individual, colectivo y cooperado, y el apoyo de las técnicas de la información y las comunicaciones, en la determinación y la solución de los problemas que surjan en la práctica pedagógica.
- Dominar el vocabulario técnico de la profesión y de las ciencias que imparte, que se manifieste en la comprensión de lo que lee o escucha; en hablar correctamente y escribir con buena ortografía, caligrafía y redacción, que le permita servir como modelo en su quehacer profesional. .
- Adquirir reflexiva y valorativamente un sistema de conocimientos y habilidades para la vida, acerca de la educación ambiental para el desarrollo

sostenible, la salud y la sexualidad, que le permitan aplicar estrategias educativas favorecedoras del incremento de la calidad y estilos saludables de vida en sus futuros alumnos.

- Contribuir a la formación tecnológica, laboral y vocacional de sus alumnos en vínculo estrecho del contenido de enseñanza-aprendizaje con el desarrollo de la ciencia, la técnica y la sociedad, como una vía de concreción de la teoría y la práctica.
- Orientar a la familia de los alumnos, para que pueda cumplir las funciones protagónicas en la formación integral de sus hijos, así como para fortalecer el sistema de influencias positivas culturales, educativas, preventivas y correctivas, de conjunto con la comunidad.

FUNCIÓN DOCENTE-METODOLÓGICA

Incluye la dirección del proceso educativo mediante las diversas actividades curriculares y extracurriculares (programadas, conjuntas, independientes, prácticas de laboratorio, excursiones, estudio de la localidad) en la institución; la orientación de las tareas y las actividades de proyectos y el aseguramiento de los recursos y los medios necesarios para el trabajo con los adolescentes y los jóvenes, y en lo que se ponen de manifiesto, fundamentalmente, las relaciones profesor-alumno-colectivo escolar, profesor-familia-comunidad y profesor-profesor, y tiene como tareas:

1.1 Dirección de las actividades educativas, para lograr el desarrollo integral de adolescentes y jóvenes, en un clima afectivo-positivo, con vivencias concretas y el ejemplo personal, contribuyendo a la formación de emociones y sentimientos, cualidades positivas de la personalidad, normas de comportamiento social, experiencias morales, sentimientos patrióticos y la disposición positiva hacia el trabajo, teniendo en cuenta sus necesidades, motivos, intereses, conocimientos, experiencias previas y vivencias, como base para su implicación activa y protagónica en el proceso educativo.

1.2 Caracterización integral del proceso educativo, que incluye: del adolescente, joven, grupo, familia y comunidad, así como del aprendizaje, la educación y el desarrollo de cada alumno en cuanto al contenido de las asignaturas que imparte, con el empleo de métodos y procedimientos adecuados a cada tipo de educación y grado.

1.3 Proyección de diferentes estrategias didácticas para la impartición de las asignaturas biológicas y químicas, de acuerdo con los resultados del diagnóstico integral, a fin de que se alcance el máximo desarrollo posible de las potencialidades de los adolescentes y los jóvenes, en correspondencia con los objetivos propuestos.

1.4 Estimulación sistemática de adolescentes y jóvenes para lograr que se motiven en el aprendizaje de las asignaturas que imparte, en la secundaria básica, el preuniversitario y la educación técnica y profesional, en correspondencia con las habilidades, los conocimientos y las actividades prácticas demostrativas, teniendo en cuenta su avance científico y su contribución a la sociedad.

1.5 Realización de actividades del trabajo metodológico, de acuerdo con las necesidades personales y del proceso educativo que dirige en la institución y en vinculación con la familia y la comunidad, de modo que le permita realizar su labor educativa con la calidad requerida en las diferentes esferas de actuación.

1.6 Utilización de las tecnologías de la información y la comunicación, tanto en el proceso educativo, como en la investigación y la superación.

FUNCIÓN ORIENTADORA

Consiste en la preservación y el cuidado de la salud física y el bienestar emocional de los educandos, por medio de su atención integral para dar respuesta a las necesidades individuales y colectivas en las instituciones educativas, la familia y la comunidad, y tiene como tareas:

2.1 Coordinación y orientación de actividades con los diferentes agentes educativos de la comunidad, sobre la base del cumplimiento de los códigos y las leyes instituidas, que contribuyan al desarrollo de las correctas interrelaciones en el entorno que rodea a los educandos, para lograr la formación de los valores morales y medioambientales; la sensibilidad estética y el disfrute de la actividad física y la obra multifacético creada por la humanidad.

2.2 Atención integral a la adolescencia y la juventud, teniendo como premisa el respeto a ser ciudadanos de una sociedad socialista, la preservación y el cuidado de su salud física y el bienestar emocional, la satisfacción de sus necesidades básicas, la sexualidad y la equidad de género, así como la formación y el desarrollo de hábitos higiénicos y culturales.

2.3 Utilización adecuada del diagnóstico integral del escolar, de modo que refleje sus niveles de desarrollo y que garantice la atención individual y colectiva, de forma que asegure la entrega pedagógica de un grado a otro y de un tipo de educación a otra.

2.4 Orientación hacia las profesiones mediante las diferentes actividades educativas, fundamentalmente los círculos de interés, trabajos por proyectos y actividades extraescolares, de acuerdo con las necesidades sociales, los intereses y las posibilidades de los educandos.

2.5 Establecimiento de una adecuada comunicación con los alumnos, la familia y la comunidad, que le permitan crear un clima de confianza, respeto, cortesía, crítica constructiva y ayuda mutua en atención a las problemáticas educativas.

FUNCIÓN INVESTIGATIVA Y DE SUPERACIÓN

Considera el análisis crítico de su trabajo y de la realidad educativa, la problematización y la reconstrucción de la teoría y la práctica educacional en los diferentes contextos de actuación del profesional de la educación. Significa la aplicación del método científico en su quehacer diario como parte del perfeccionamiento continuo de su labor, y tiene como tareas:

3.1 Solución, con la aplicación del método científico, de los problemas que le plantea la práctica profesional en las diferentes esferas de actuación y establecer, para ello, vías o alternativas.

3.2 Valoración crítica de su desempeño profesional para determinar las necesidades de su superación y el perfeccionamiento de su práctica profesional.

3.3 Elevación permanente de su nivel de preparación profesional, mediante la auto-superación y la participación en formas de educación postgraduada.

3.4 Introducción de los resultados de la superación y la investigación, así como las experiencias pedagógicas de avanzada, en el perfeccionamiento del proceso educativo.

3.5 Utilización de una lengua extranjera en su labor profesional, que le permita mantenerse actualizado científica y metodológicamente.

3.6 Utilización de las posibilidades que brinda la tecnología para la investigación y la superación permanente.

CUALIDADES

- Compromiso moral con los principios de la Revolución, con el ideario martiano, el marxismo-leninismo y el pensamiento de Fidel Castro y Ernesto Che Guevara, así como del legado pedagógico cubano, manifestados en el patriotismo, el antiimperialismo, la solidaridad, el humanismo y la intransigencia ante cualquier forma de explotación.
- Ejemplo personal en el uso y el dominio de la lengua materna, en su presencia personal y actuación ética sistemática, tanto en la institución educativa como en la comunidad.
- Identidad profesional, basada en el amor a la profesión, a los educandos y al ser humano, en general.
- Autoridad profesional expresada en el dominio de sus funciones y tareas profesionales, con independencia y creatividad.
- Responsabilidad y laboriosidad, manifestadas en el conocimiento y la asunción de los deberes y las exigencias profesionales en el cumplimiento de las tareas sociales e individuales, en la disciplina laboral y social, así como el cuidado y la protección del medio ambiente.

- Exigencia, dada en el espíritu crítico y autocrítico, la intransigencia ante lo mal hecho, la flexibilidad y la objetividad de sus valoraciones.
- Justeza, expresada en la imparcialidad y la honestidad de sus valoraciones, tacto pedagógico y decisiones, así como en la equidad y el respeto hacia los educandos, colegas y otros agentes educativos.
- Cooperación, expresada en las relaciones interpersonales y la colaboración con otros en el cumplimiento de sus tareas educativas.

A partir de las indicaciones recibidas del Ministerio de Educación relacionadas con las transformaciones del trabajo en las Filiales Pedagógicas, donde se plantean cambios sustanciales en la concepción de la formación de los docentes cubanos en el contexto de la Universalización, se hace necesario perfeccionar el concepto de Extensión Universitaria y en correspondencia las estrategias y métodos que se han utilizado para su desarrollo.

Con el triunfo revolucionario la sociedad cubana asume una organización que se adviene a muchos elementos arraigados en la manera de ser el cubano. No hubiera sido posible, sin una tradición cultural, formar con la aceptación pública de organizaciones políticas que aglutinan a los individuos en su medio de convivencia.

Además de la tradición cultural, que permite asimilar con rapidez conceptos como solidaridad, cooperación y ayuda mutua, con el establecimiento de la propiedad social socialista comienza un proceso de socialización de las relaciones de producción que sirven de base al proyecto socialista de desarrollo.

El proyecto socialista de desarrollo social privilegia como cuestión estratégica la gestión comunitaria y la cooperación social entre los grupos y niveles de la sociedad, en su desarrollo, ha ido generando transformaciones e incorporando diferentes instituciones y organizaciones que han fortalecido el tejido social, favoreciendo el trabajo sociocultural comunitario.

No hay dudas de que los valores se traducen en manifestaciones de los hombres, expresadas en sus tradiciones históricas y culturales en el sentido más amplio, las cuales crean identidades propias de determinados contextos.

En el marxismo se precisan conceptos que asocian el valor con la significación para el sujeto de las cualidades del objeto, lo cual se materializa por los intereses de la sociedad traducidos en el plano de la conciencia social. Resulta convincente el tratamiento al valor, desde el punto de vista filosófico por asociarlo a fenómenos que tienen lugar al nivel de la conciencia y luego se reflejan en un modo de actuación del hombre como ser social.

Los valores, desde esta arista, constituyen aspectos esenciales para la vida en sociedad, pues ellos se convierten en una necesidad de la comunicación entre los individuos, los que pueden lograr altos niveles de interrelación en su sistema de actividades.

En este enfoque, debe tenerse muy en cuenta que el significado que alcanzan determinadas actitudes asumidas en el propio contexto histórico-social donde se desarrolla el individuo, conlleva a niveles de satisfacción humana que repercuten en la conciencia y por tanto en las posteriores manifestaciones respecto a la sociedad.

Lo anterior tiene una relación directa con los análisis realizados por la Psicología, tema que ha sido abordado de diversos modos, con énfasis en que los valores que nos identifican constituyen una formación psicológica compleja, surgidos en el proceso de comunicación como resultado de la actividad donde se presentan necesidades y motivaciones que condicionan la aparición de cualidades y sentimientos, los cuales, a partir del desarrollo de la personalidad, conllevan a la formación de intereses, ideales y aspiraciones, que posteriormente se consolidan en actitudes y favorecen la organización de un sistema de valores que inciden en el nivel cultural del individuo.

El doctor Armando Hart Dávalos, en su discurso pronunciado en la Cuarta Conferencia Intergubernamental sobre Políticas Culturales en Latinoamérica y el Caribe,auspiciada por la UNESCO, declara las ideas socialistas aplicadas a la cultura, significan partir de los elementos propios para, conservando sus esencias y respetando los logros culturales específicos de cada etapa histórica, ir hacia formas cada vez más evolucionadas y complejas. La defensa de lo propio en el arte, constituye un principio irrenunciable de la construcción socialista. (Bogotá 11, 1978).

Las artes y tradiciones populares tanto en el pasado como en el presente, son las manifestaciones materiales, artísticas y espirituales, transmitidas y creadas por el pueblo. Ejemplos típicos de ambas son los trajes regionales, las cerámicas de épocas y etnias y los artefactos, en el caso de las artes; y la música, bailes y juegos, cocina típica, tradición oral, religión y magia.

Con estos elementos culturales se pueden también estudiar los pueblos ya pasados, para deducir su sistema social y como interactuaban en su dinámica social: la religión como cultos y magia, más política como liderazgo y sanción, como la formación típica o teocracia. Sociólogos y etnógrafos clásicos estudiaron la cuestión en base al análisis hecho en los yacimientos de los pasados imperios americanos, asiáticos y africanos, relegando el estudio de la cultura de las masas en Europa por décadas.

La cultura popular como suma de artes, tradiciones, usos y costumbres, en su forma actual, se ha definido como no clásica o convencional, y así la clásica se refiere solamente a una clase social media-alta. Asimismo, fuera del ámbito académico, se piensa que el hecho popular es pobre en contenido por ser su naturaleza masiva, a pesar de que este *gusto popular* sirve también para cimentar la cohesión social; según Lazarsfeld (2007).

LA IMPORTANCIA DEL TRABAJO COMUNITARIO EN EL CONOCIMIENTO DEL PATRIMONIO CULTURAL.

El conocimiento de las expresiones del patrimonio cultural inmaterial o del patrimonio cultural material que están presentes y que han sido parte de la comunidad será una fuente de información y conocimiento valiosa para afianzar aún más, sentimientos de pertenencia, de tradición y arraigo, formando todo ello el sustento del patrimonio cultural de la nación. La visita a las comunidades o asentamientos donde viven incluso "los tesoros humanos vivos", es una experiencia de apreciable significado.

En este programa se proponen algunos exponentes que forman parte de nuestro patrimonio Cultural Mueble e Inmueble, pero el Instructor deberá inducir al estudio, la investigación y la visita, de aquellos que están presentes en las diferentes provincias del país y en sus localidades, dándole el carácter vivencial al proceso de enseñanza- aprendizaje. Por ello es necesario el papel que tiene la historia en el surgimiento y conformación de dichos ejemplos patrimoniales.

Todo lo más cercano al estudiante debe facilitar el acercamiento de una forma vivencial, destacando sus valores más significativos y su ubicación en época, porque reúnen el valor de la creación humana, en esencia del trabajo del hombre o del descubrimiento y transformación de la naturaleza al tratarse de lugares naturales, o se manifiestan, en el caso de los bienes artísticos, en formas que evidencian la identidad, vinculados a la vida, costumbres, conformación subjetiva y simbólica y tradiciones artísticas de la nación.

Ricardo Pozas Arcienagas, en su obra "El desarrollo de la Comunidad", afirma que la comunidad se puede definir como: "unidades sociales dentro de un área determinada. Cuando se habla de comunidad nacional, de la comunidad de países latinoamericanos, de la comunidad británica, de la comunidad de habla Hispana, se alude a unidades sociales más o menos amplias, que tienen uno o varios rasgos o elementos en común: el idioma los intereses económicos o una tradición idéntica (Pozas 1964, 21).

Por su parte Ezequiel Ander Egg, en una de sus obras más utilizadas para el trabajo comunitario titulada "Metodología y Práctica del Desarrollo de la Comunidad" define a la comunidad como una agrupación o conjunto de personas que habitan un espacio geográfico delimitado y delimitable, cuyos miembros tienen conciencia de pertenencia o de identificación con algún símbolo local y que interaccionan entre sí más intensamente que en otro contexto, operando en redes de comunicación, intereses y apoyos mutuo, con el propósito de alcanzar determinados objetivos, satisfacer necesidades , resolver problemas o desempeñar funciones relevantes en el ámbito local. (1998, 33)

Las tradiciones forman parte de la cultura de los pueblos y se transmiten de una generación a otra. Aquellos exponentes que en los territorios existan y sean Portadores de Tradiciones, forman parte del Patrimonio Cultural Inmaterial o Patrimonio Cultural Vivo y deberán ser expuestos, reconocidos y vivenciados por los estudiantes, porque están allí en sus propios lugares de origen y desarrollo, por lo que una unidad de este programa deberá ser dedicada a su tratamiento como esencia de la Cultura Popular Tradicional.

Recordamos que existen cultores o hacedores que dado su valor sociocultural no solo forman parte de nuestro patrimonio, sino han sido reconocidos por la UNESCO como Patrimonio de la Humanidad. Por considerar estos temas necesarios para la formación de una cultura general integral en nuestros jóvenes, es que se instrumenta este programa.

El patrimonio cultural es el conjunto de exponentes naturales o productos de la actividad humana, que nos documentan de forma excepcional, tanto de la cultura material, espiritual, científico-histórica y artística de las distintas épocas que nos precedieron, como del presente y que, por su carácter ejemplar y representativo del desarrollo de la cultura, todos estamos en la obligación de conservar y mostrar a la actual generación y a las futuras. Siempre será necesario el vínculo con los conocimientos que de la Historia Universal, la Historia Nacional y de la Historia local que tienen los estudiantes.

En los Museos, Centros de Superación para la Cultura, la ayuda de los historiadores locales y de los especialistas e investigadores Socio-Culturales de nuestras Casas de Cultura y de nuestros Centros Provinciales de Casas de Cultura, constituirán una fuente referencial de extraordinario valor, para el esclarecimiento y profundización de los temas, así como apoyados en su experiencia, en la forma adecuada de hacer más asequible los contenidos.

La compilación de documentos gráficos, realizada por el Instructor de Arte y los estudiantes, deberán conformar poco a poco los medios de enseñanza necesarios e imprescindibles como son: las fotografías, los afiches, los videos, etc, que resultan prácticos para la visualización de los temas tratados, haciendo más comprensibles estos.

Debemos señalar algunos aspectos que inciden en el buen desempeño profesional del Instructor de Arte en el trabajo comunitario. Partiendo de la labor promocional de la cultura artística en la escuela y en la comunidad.

- La escuela es una institución cultural fundamental de la comunidad. El trabajo del instructor de arte , debe sustentarse no sólo en el vínculo con las demás instituciones culturales y sociales de la comunidad sino en su propio desarrollo cultural interno y su interrelación y proyección hacia y con la comunidad, dirigido fundamentalmente a niños y adolescentes, personal docente y entorno familiar a través de diferentes actividades como visitas a museos, galerías, casas de cultura, palacios de pioneros, bibliotecas, talleres de creadores y otras instituciones culturales y sociales; los encuentros con personalidades de la comunidad; el desarrollo de charlas, conversatorios y exposiciones; la preparación de matutinos y otras actividades culturales de la escuela; así como la participación en eventos y festivales.
- Estas actividades se proyectan de conjunto, con la participación activa del colectivo pedagógico, de los escolares y del entorno familiar y de la comunidad, teniendo en cuenta los intereses y necesidades culturales que arrojó el diagnóstico previamente realizado, así como sus posibilidades de realización.
- Se hace necesario el vínculo del instructor de arte con el promotor cultural de la comunidad, el Presidente del Consejo Popular, el Delegado de Circunscripción, el trabajador social y otros factores sociales que contribuyan un mejor desarrollo del trabajo y la labor comunitaria del instructor de arte.
- Las horas para el trabajo comunitario se establecerán con la frecuencia y las horas que convenie bilateralmente el instructor con el director, teniendo en cuenta las características de cada comunidad y contará con una mínimo de 2 horas para desarrollar este trabajo, se realizará de ser necesario, un reajuste

de las horas dedicadas al trabajo extracurricular y en dependencia de la cantidad de grupos docentes con que cuenta la escuela, se podrá utilizar también las horas establecidas en el horario curricular que no se empleen.

A continuación ofrecemos solo un ejemplo de los objetivos generales que se pueden declarar para elaborar un programa del Patrimonio Cultural en cualquier territorio.

OBJETIVOS GENERALES DEL PROGRAMA:

- Valorar la importancia del Patrimonio Cultural de la Nación, a través del conocimiento que se obtenga sobre sus valores histórico-sociales y culturales, en interés de su preservación, promoción y revitalización.
- Reconocer que el Patrimonio Cultural es un bien común de la nación y raíz del trabajo cultural comunitario.
- Distinguir aquellos exponentes que forman parte del Patrimonio Cultural material y del Patrimonio Cultural Vivo, como parte de una identidad que nos fortalece, nos identifica, nos cualifica y nos representan como nación siendo distinguidas algunas expresiones como Patrimonio de la Humanidad.

OBJETIVOS DE LAS UNIDADES:

Objetivos de la Unidad 1. El acervo cultural de la nación

- Identificar, según sus clasificaciones, distintos exponentes del patrimonio cultural, que pertenecen al patrimonio local, territorial y nacional...
- Valorar la importancia de la preservación, conocimiento y reconocimiento de los valores histórico-culturales y sociales, del patrimonio cultural como un bien común de la humanidad.

Objetivos de la Unidad 2. Una Identidad que nos fortalece.

- Apreciar la importancia del sentimiento de identidad y continuidad, el respeto de la diversidad cultural, y la creatividad humana, por los valores que atesora el patrimonio material y el patrimonio cultural vivo.

- Valorar la importancia que tienen para la cultura cubana, los diferentes cultores y/o hacedores regionales y nacionales que sustentan la resistencia cultural de la nación cubana.

Apreciar, disfrutar y participar como espectador o como actor aficionado, en las presentaciones artísticas de las distintas manifestaciones, o asistir a espectáculos de agrupaciones y solistas profesionales, en festividades, conmemoraciones, festivales, galas, conciertos, etc., compartir con los artesanos populares, o a los dibujantes, pintores y escultores populares permitirá conocer aún más nuestro acervo cultural en música, danza, teatro, y la artesanía popular, que tan rica y variada se nos presenta en las diferentes regiones del país. Esto hace que conozcan de nuestro repertorio, sobre los distintos géneros musicales y bailables, reconocer a sus creadores y hacedores de la Cultura Popular y Tradicional. "Saber que estas manifestaciones constituyen parte de nuestro patrimonio cultural, y que contribuyeron a caracterizar y a dotar de identidad nacional nuestra cultura artística.

Al dosificar el contenido del programa se deberá propiciar que estén presentes las visitas a los diferentes exponentes del patrimonio cultural, conformando poco a poco un hábito y una disciplina en el comportamiento, porque utilizando esta forma docente de enseñanza se propicia, un entrenamiento visual en lo práctico-apreciativo, como objetivo de la educación artística, donde se interrelacionan los procesos de observación, comparación y generalización, donde se deberá alcanzar que los estudiantes obtengan un juicio de valoración, que sepan aceptar o rechazar, emitir un juicio de discernimiento, valorar críticamente y de saber las razones sobre por qué nos gusta algo, del entorno, al ser cada vez más consciente el estudiante de su propia historia local y nacional que constituyen el patrimonio cultural.

Estas acciones docentes crearán en los estudiantes la necesidad de la indagación, la búsqueda de la información y la posibilidad de completar sus conocimientos, acercándose cada vez más a los libros, a los investigadores, historiadores, a los museos, a los tesoros humanos vivos, a la historia local y nacional, donde está presente el sentimiento de arraigo de la nacionalidad.

Los conocimientos y hábitos que se van desarrollando influirán también en su medio familiar y el círculo de amigos de manera que la acción educativa de este programa se irradie más allá del entorno escolar.

Para la dosificación se tendrá en cuenta aquellos contenidos que necesariamente por muchas razones se deberán iniciar y tratar en el aula o taller, pero atender aquellos otros que necesitan de ser vivenciados en interrelación con el entorno o el medio total, para que vibre y se desarrolle con más fuerza en los estudiantes, haciendo más duradera la aprehensión del contenido de la enseñanza.

El patrimonio cultural no son objetos o exponentes que se recuerdan en momentos ocasionales, es materia viva que se debe apreciar y vivenciar con toda la intensidad necesaria, en los Museos, en las festividades y conmemoraciones, en sus espacios o lugares donde se desarrollan sus prácticas, con toda su carga de significados, por ser sustancia nutricia y matriz de la raíz cultural de los pueblos.

Las bibliografías reseñadas y cualquier otro texto a fin con los temas tratados serán de utilidad, textos que se pueden encontrar en las bibliotecas personales, municipales o provinciales.

Para el presente programa proponemos algunos exponentes que forman parte de nuestro patrimonio Cultural Mueble e Inmueble, pero el Instructor de Arte deberá proponer el estudio, la investigación y la visita, de aquellos que están presentes en las diferentes provincias del país y en sus localidades, dándole el carácter vivencial al proceso de enseñanza- aprendizaje, argumentado anteriormente. Por ello es necesario el papel que tiene la historia en el surgimiento y conformación de dichos ejemplos patrimoniales.

Con estas premisas apuntadas anteriormente, consideramos que podamos lograr cada vez más la participación activa y consciente del estudiante, el desarrollo de una percepción estética y de capacidades apreciativas, al haber obtenido en ellos la motivación necesaria.

Si nos detenemos en lo expuesto veremos que hemos tratado de sintetizar aspectos que implican la preparación del Instructor de Arte para enfrentar el contenido de la enseñanza y por consiguiente el cumplimiento de los objetivos propuestos.

Lograr una cultura general en los estudiantes exige de los proyectos de desarrollo curricular con mayor coherencia en sus intenciones formativas, para que este al enfrentarse a un grupo de estudiante y entrar en contacto con la realidad social, pueda con su protagonismo interrelacionarse en la misma con una alta competencia profesional para cumplir con lo planteado por el Comandante en jefe Fidel Castro. “que universalizar la Enseñanza Superior Pedagógica es extenderla hacia la verdadera materialización de la equidad y la igualdad ,que solo el socialismo es capaz de alcanzar ,es fortalecer el concepto de la formación del profesorado en la escuela y para la escuela , es convertir al país en una gran UNIVERSIDAD”.

Por tanto, en correspondencia con lo expresado se ha implementado un proyecto de actividades que se realizan y evalúan mensualmente teniendo en cuenta la labor educativa y cultural de los docentes en formación, la asimilación, conocimientos y participación activa de los directores de microuniversidades, persigue el siguiente objetivo. Potenciar las dimensiones culturales, deportivas y axiológicas en los docentes en formación, Micro universidades y la comunidad, direcciones donde se concretan las acciones proyectadas, a través de galas culturales, eventos deportivos, festivales y otras actividades o acciones que contribuyen a la formación integral de los docentes en formación en el cuidado y protección del medio ambiente.

Para materializar las actividades extensionistas en la formación multifacética de los estudiantes desde el entorno comunitario en apoyo al medio ambiente, es necesario identificarnos desde el marco comunitario donde esta enclavada la escuela.

La utilización didáctica del paisaje histórico humanizado, los edificios, parques, casas, iglesias, calles, monumentos, museos, agrupaciones etc.; que guardan relación con los hechos y procesos, amplía el horizonte informativo de esta disciplina, al denotar y concretar la visualización de las experiencias sociales de los estudiantes en la formación del sistema de conocimientos y a su vez reconozcan la importancia que requiere proteger todo lo que atesora nuestra localidad y que puede estar en peligro de desaparecer sino estamos concientizados con los problemas medioambientales de cada territorio.

Este conocimiento depende de las concepciones didácticas que orientan el proceso de enseñanza-aprendizaje, la información y las competencias que posee el docente que imparte la disciplina, la existencia de información pertinente y precisión gnoseológica acerca de la cultura ambiental y artística, la incidencia de las vías formales y no formales de la educación con respecto a docentes y educandos, el papel de los medios de comunicación y la funcionalidad de la familia en la transmisión y conservación del entorno.

LA FORMACIÓN DE LA IDENTIDAD CULTURAL LOCAL Y SUS PERPECTIVAS CULTURALES.

Un aspecto de indiscutible importancia para la Educación Artística y el trabajo comunitaria como componentes esenciales en la formación del individuo es sin duda el conocimiento de la identidad como categoría sociológica comprende los distintos niveles de estructuración de la sociedad, desde el individuo hasta los más amplios modos de organización de la especie humana. Esto hace que, a pesar de ser una problemática muy joven en las ciencias sociales, su abordaje teórico es ya considerable desde diversos ángulos y que algunos autores la consideren una de las más importantes en esta área de investigación. Para su estudio es necesario partir de su expresión más singular, la identidad personal.

Para Laing "La identidad es el sentido que un individuo da a sus actos, percepciones, motivos e intenciones. Es aquello por lo que uno siente que es "él mismo", en este lugar y en este tiempo, tal como en aquel tiempo y en aquel lugar pasado o futuros; es aquello por lo cual se es identificado. –Asimismo expresa- la identidad está sellada por los rituales de la confirmación, los cuales confirman y unifican el concepto que cada persona tiene de sí mismo (...) es una fuerza de tipo ideológico, que proporciona un sistema de ideas y brinda una imagen del mundo convincente. La identidad incluye un sentido de futuro anticipado". (1961, 22).

Por otro lado, Frankl expone que: "la búsqueda por parte del hombre del sentido de la vida constituye una fuerza primaria no una "racionalización secundaria" de sus impulsos instintivos". Considera la identidad, como "el motor que impulsa al hombre a actuar a sentir y que le dota de un concepto unificado del mundo y de él mismo. (...) este sentido es único y específico en cuanto es uno mismo y uno solo quien tiene que encontrarlo; únicamente así logra alcanzar el hombre un significado que satisfaga su propia voluntad de sentido". (1962, 13).

La identidad es el principal factor que expresa la percepción que una persona tiene de sí misma, de sus capacidades, aptitudes y posibilidades convirtiéndose en base de su autovaloración y su autoestima.

Según Erikson "un sentido de identidad es la resultante de la capacidad del individuo para integrar sus identificaciones iniciales, parciales y variadas. La consecuencia de este proceso integrador es un sentido de la rectitud acerca de lo que se está haciendo y un sentido de comodidad acerca de quien se es". (1976).

Tomando como referencia estos criterios, la identidad personal indica la capacidad que posee una persona para integrar la auto percepción e imagen que tiene del mundo con sus actos. Presupone tener un conocimiento claro y preciso de nuestras capacidades, actitudes, objetivos, normas y valores es saber quiénes somos y estar a gusto con ello; el conocer qué queremos y luchar por obtenerlo, dentro de las reglas que nos dictan nuestras propias normas y valores.

El término identidad connota una esencia que implica invariabilidad, homogeneidad y permanencia. Sin embargo las identidades cambian, nacen y pueden incluso desaparecer por ser un proceso dinámico e inacabado, que fluye constantemente; donde desaparecen algunos rasgos y se produce la asunción de otros. Esto se revela en los distintos niveles del fenómeno identitario, donde junto a lo único, lo irrepetible, lo singular está también lo particular que le pertenece al objeto y al proyectarse en otros, permite pasar a un nivel estructural superior, hacer generalizaciones.

En el fenómeno identitario, la dialéctica de lo singular, lo particular y lo universal permite explicar el proceso con mayor o menor amplitud, en correspondencia con el campo de la investigación; lo cual posibilita determinar, dentro de la identidad personal, aquellos rasgos que le pertenecen al individuo como ente individual y los que lo unen al resto. Es en este sentido que puede hablarse de la identidad individual, como lo concerniente a cada persona en sí misma, con rasgos que les son atribuidos desde el nacimiento y no pueden ser cambiados como: fecha y lugar de nacimiento; otros que les son dados desde el nacimiento y pueden ser modificados tras difíciles trámites judiciales (nombre y nacionalidad); junto a algunos aspectos que pueden ser cambiados deliberadamente (lugar de residencia, estado civil); y los que se modifican al margen de la voluntad del individuo, producto del proceso de desarrollo o por razones accidentales.

En la comunidad científica el tema de identidad es abordado por autores como Chávez (2000), García(2002), Domínguez, Reigosa (2003), Acebo, Díaz (2005) Varona (2007), Martínez (2009), Seíjas (2010) Chirino (2011), Silva (2012, 2013 y 2014), Montero (2014) y Best (2014); quienes coinciden en que la identidad cultural asume la relación dialéctica entre la identidad y la educación, imprescindible en una axiología que concibe al sujeto como protagonista en la formación de la identidad cultural, ya que entran en contacto directo con hechos y fenómenos que ocurren en su medio, que les son propios, que forman parte del paisaje cultural donde se desenvuelven; por lo que la formación de la identidad cultural local incentiva las repercusiones axiológicas de la Educación Artística.

Los autores antes expuestos centran sus aportes en el tratamiento de hechos, causas y fenómenos históricos e identitarios sin tratar, con profundidad, los elementos socio-culturales que intervienen y se desarrollan en el medio donde viven los estudiantes y que se deben argumentar, con mayor precisión, al analizar las relaciones que se establecen, entre las expresiones artísticas en la interacción de la escuela, la comunidad y la familia, al abordar la identidad cultural local, en la dialéctica pasado, presente, futuro, desde la Educación Artística.

Con respecto a la identidad cultural podemos corroborar algunas definiciones dadas por personalidades que han abordado el tema. Carolina de la Torre, denota que la identidad cultural es igual al ser nacional y su imagen, sus tradiciones, su historia raíces comunes, formas de vida, motivaciones, creencias, valores, costumbres, actitudes, conciencia de amistad. (2005).

ELEMENTOS NECESARIOS PARA EL LOGRO EXITOSO DEL TRABAJO EN LAS COM UNIDADES.

Entender el trabajo comunitario como movimiento de masas, como el modo de articular coherentemente los diferentes actores en función de promover su participación y dinamizar las potencialidades de la comunidad, implica tener en cuenta las múltiples formas de organización de la sociedad independientemente de su régimen social, desde las instituciones y organizaciones, pasando por la familia y otros grupos formales e informales, hasta el sujeto particular que incorpora en sí todas las relaciones vinculares descritas anteriormente.

En este trabajo social que tiene como objetivo el desarrollo de las comunidades constituyen ejes fundamentales los procesos de participación, coordinación e integración de las fuerzas y actores sociales. Las reflexiones y experiencias acumuladas en torno al desarrollo de la comunidad, precisan un grupo de elementos de gran utilidad para acercarnos a una concepción capaz de orientar eficazmente los esfuerzos en esta dirección. Entre ellos situamos:

- Proceso en el que intervienen dos elementos esenciales: la participación de la población en los esfuerzos para mejorar su nivel de vida, dependiendo todo lo posible de su propia iniciativa; y el suministro de servicios técnicos y de otro carácter en formas que estimulen la iniciativa, el esfuerzo propio, la ayuda mutua y aumenten su eficacia.

- El desarrollo de la comunidad encuentra su expresión en programas encaminados a elevar la calidad de vida de las personas, lo que determina su diversidad al mismo tiempo que plantea la necesidad de prioridad, de coordinación y de evaluación de sus resultados e impactos, siempre definidos desde el ángulo de sus beneficiarios, sus necesidades e intereses.
- La naturaleza de las necesidades existentes y las posibilidades y capacidades de que disponen las comunidades y los grupos que las integran, determinan la definición de los agentes de los procesos de desarrollo, que si bien no siempre serán parte de la comunidad, es en ella donde encontrarán los fundamentos para diseñar, conducir y evaluar su acción.
- La diversidad de necesidades e intereses existentes, así como las posibilidades y potencialidades, exigen diferentes modos de organización, un aprovechamiento óptimo de los recursos, mecanismos eficaces de comunicación y una participación activa de la población, estimulados por métodos que propicien y estimulen la iniciativa propia y el compromiso.
- El desarrollo de la comunidad precisa del respaldo del Estado y su concreción desde una política integradora y coherente que garantice una acción multisectorial y sostenida en esta dirección.

En líneas generales el desarrollo de la comunidad se entiende como un proceso dirigido a la transformación cualitativa y cuantitativa de las comunidades que se apoya en la participación activa y solidaria de sus miembros en todos los ámbitos de su desenvolvimiento (político, social, económico y cultural) y que precisa ser:

- Autogenerado: lo que enfatiza en el hecho de resultar una acción querida, comprendida y asumida por la propia comunidad y no como un elemento definido, respaldado, aplicado y evaluado desde afuera, sin que esto se interprete como una exclusión de elementos externos.

- Multidireccional y orientado: encaminado a actuar en aquellos ámbitos de la cotidianidad cuya transformación es imprescindible para la elevación de la calidad de vida de la comunidad.
- Integrador: pues los cambios no pueden depender de una sumatoria de proyectos y programas, de una yuxtaposición que, en estos casos, limita el alcance real de las acciones y conduce al no aprovechamiento adecuado de los recursos disponibles.
- Permanente: pues la transformación de la sociedad es un proceso nunca concluido donde los logros actuales devienen punto de partida del futuro una vez alcanzadas y fuente de nuevas necesidades, problemas e intereses.
- Participativo: pues debe implicar a todas las personas involucradas en estos procesos.
- Plural: pues debe asentarse en un absoluto respeto ala identidad, valores y aspiraciones de personas y grupos comprendidos en el proceso.

La respuesta práctica a esta concepción de trabajo comunitario, humanista e integradora, en el presente contexto cubano ha encontrado múltiples obstáculos, entre los que podemos mencionar:

- Persistencia de una cultura centralista- verticalista- consumista
- Falta de autonomía del ámbito local (no existe correspondencia entre lo que se demanda y su grado de autonomía)
- Escasa sistematización de lo que se hace. Tendencia a una producción teórica sin práctica o una práctica sin fundamento teórico.
- Escasez de recursos
- Ausencia de metodologías que permitan visiones integrales de la comunidad
- Diversidad de programas y proyectos comunitarios promovidos desde diferentes sectores que se superponen y no tienen la suficiente coordinación.

Se trata, teniendo en cuenta estos elementos disfuncionales, de “desatar las fuerzas de la comunidad”, de potenciar el espacio comunitario por constituir un escenario donde la participación de los individuos es clave para el éxito de cualquier intento de práctica transformadora. En este escenario estratégico confluyen múltiples protagonistas; artistas, intelectuales, promotores culturales, instructores de arte, trabajadores sociales, maestros, médicos, estudiantes, niños, jóvenes, técnicos de las distintas ramas, vecinos en general que favorecen la constante vinculación del patrimonio cultural de la nación y de los más altos valores de la cultura cubana que cada vez obliga más a un debate sobre su perfeccionamiento.

La participación como proceso de implicación, de compromiso activo de las personas en la sociedad implica la intervención activa de los diferentes actores sociales en los procesos de construcción y transformación de la sociedad y a su vez una actitud para asumir la realidad, y un compromiso con la acción transformadora de la cultura en las comunidades.

Desde el punto de vista ético, la participación es el único camino posible para el desarrollo social y comunitario que requiere a su vez de la intervención de todos los sujetos como protagonistas de los cambios locales que repercuten de hecho en los cambios a nivel social.

La participación es un proceso educativo, de transformación de los actores sociales en sujetos concientes de sus fines, protagonistas de su desarrollo y responsables de su proyecto individual. En la participación se conjugan los procesos motivacionales- afectivos; los cognitivos y formativos y las posibilidades reales de participación. Estamos refiriéndonos entonces de la creación de espacios de participación; de una organización participativa en la que se conjugan la identidad como expresión del conocimiento de la realidad, del propio individuo y de su papel en ella y la pertenencia como conciencia de que formamos parte de diferentes grupos sociales y de un grupo social mayor que es la sociedad.

De esta forma el desarrollo de la participación exige formación participativa, ofrecer la experiencia de la participación conjunta; ofrecer una visión clara del significado del desarrollo comunitario: formar a través de un proceso de interacción de grupo en las comunidades, contribuyendo a poner en movimiento un proceso de reflexión y toma de decisiones colectivas.

En términos de trabajo comunitario la participación es importante ya que se asume a la comunidad como fuente de soluciones, se refuerzan las redes y vínculos comunitarios, se transforman los estilos y modos de vida desde la comprensión de la diversidad y heterogeneidad, se alcanza una mayor responsabilidad por la comunidad en relación con su propio desarrollo; además de que puede hacer menos costosos los proyectos de mejoramiento de las condiciones de vida de la comunidad.

Es necesario tener en cuenta que existen diferentes grados de participación que transitan desde la información, la movilización y la consulta, hasta la toma de decisiones en los distintos momentos del proceso que no siempre es requerida de igual forma y magnitud en los procesos comunitarios.

En el programa de Trabajo Comunitario Integrado, la participación es entendida en su sentido más integral, no sólo como respuesta convocada desde un centro, sino como intervención activa en todo el proceso social, desde la identificación de necesidades, la conveniente definición y formulación de políticas, hasta la ejecución, pasando por la implementación y control del desarrollo de la actividad en torno a dichas políticas.

Los elementos anteriores nos conducen a concientizar la necesidad de fomentar una cultura de la participación que supone desarrollar procesos de sensibilización y reflexión para la acción; ampliar el espectro de posibilidades de acción de los ciudadanos; desarrollar capacidades organizativas, conocimientos y habilidades para hacer por el presente y proyectarse hacia el futuro; fomentar el encuentro del hombre consigo mismo y su entorno desde espacios grupales y tomar conciencia de que participar no es sólo un factor clave para el cambio social, sino también un proceso de desarrollo humano, de crecimiento individual, grupal y social.

La cultura y el arte en tanto impulso transformador está llamada a desarrollar efectivas vías para canalizando las necesidades e intereses culturales, potenciar el diálogo, la unidad social y el crecimiento de cada individuo en busca de un desarrollo social.

Si la participación es determinante en el trabajo comunitario, lo son también los procesos de coordinación e integración de todos los actores sociales. La integración vista como acción de alcance estratégico que permite la armonización de políticas, la identificación de todos los que participan con los objetivos y metas del proceso integracionista y que facilita la circulación de personas y medios para el logro de estos objetivos. En este camino hacia la integración juegan un papel fundamental los procesos de integración cultural.

LA COORDINACIÓN: UN CAMINO HACIA LA INTEGRACIÓN COMUNITARIA.

La integración es un proceso que se construye, se hace, se vive, desde nuestras prácticas concretas y cotidianas matizadas por una actitud de conocimiento, comprensión, cooperación, apoyo y solidaridad. "La integración, más que una exigencia teórica, es un requerimiento concreto. En lugar de ser algo que debe definirse ha de convertirse en algo que debe hacerse" (V. Guédez, 1994)

En el camino de las acciones parciales a las pretendidas acciones integrales, la coordinación resulta un elemento indispensable. Es difícil, casi imposible, lograr un proceso de integración si antes no han existido diferentes procesos de acercamiento a esta meta; diferentes niveles de coordinación que aunque implica un vínculo menos estable y responsabilidad con una parte del proceso es una acción táctica que posibilita alcanzar los niveles de integración deseados y posibles.

La necesidad de encontrar vías, formas y alternativas que potencien los procesos de coordinación e integración; nos pone como docentes, ante la posibilidad de sistematizar prácticas comunitarias de diferentes sectores sociales como son cultura, educación, deporte, Poder Popular entre otras, utilizando como eje transversal el tema de la coordinación.

En sentido general no encontramos diferencias en los procesos de coordinación que se dan en el trabajo comunitario en las diferentes provincias y pocas especificidades en las experiencias concretas desarrolladas por uno u otro organismo; siendo el tema de los actores de la coordinación lo que resulta como lo más específico y que difiere cualitativamente de un proyecto a otro. Es nuestro objetivo entonces hacer alusión a los aspectos más generalizables de estos resultados.

La sistematización nos dice que cuando el trabajo comunitario se desarrolla sin adecuados procesos de coordinación encontramos múltiples proyectos que actúan sobre la misma comunidad; una falta de integralidad en la atención a sus necesidades; poca estabilidad y continuidad de los proyectos que se emprenden; pérdida de confianza de la población en los agentes, equipos técnicos y proyectos y un no aprovechamiento eficiente de los recursos humanos, materiales y financieros.

En este sentido algunos autores plantean que... "si en una comunidad no se consigue poner orden en las diferentes intervenciones y en el uso de los múltiples recursos (tanto humanos, como técnicos y económicos) es probable que no vaya a haber una intervención comunitaria sino la confusión de múltiples y parcializadas intervenciones, que impedirán una seria participación de la comunidad". (M. Marchioni, 1994)

Todas nuestras prácticas de coordinación no se realizan al mismo nivel ni implican igual nivel de compromiso con la tarea en su conjunto. Existen niveles de coordinación que pudiéramos llamar sólo informativo, otro de consulta, de elaboración de un programa o proyecto, de ejecución de un programa o proyecto y de creación y uso conjunto de recursos.

Teniendo en cuenta estas consideraciones, podemos asumir como ventajas de la coordinación en el trabajo comunitario las siguientes:

- Propicia el desarrollo de proyectos multisectoriales ajustados a las necesidades y demandas de la realidad.

- Favorece una atención más integral a la comunidad y evita duplicaciones e interferencias.
- Concentra esfuerzos y recursos propiciando una mayor capacidad de acción y perdurabilidad de los proyectos.
- Promueve la colaboración y el mejor aprovechamiento de las experiencias, capacidades y habilidades de los actores que participan.
- Se minimizan las posibles rivalidades y verticalismos.
- Genera mayores posibilidades de acceso a recursos y permite su mejor aprovechamiento.
- Se crean redes sociales de interacción más amplias, estructuradas y consolidadas.

Estas prácticas comunitarias nos hablan también de un conjunto de obstáculos para la coordinación como son:

- Falta de una planeación integral local.
- Desconocimiento de los proyectos y actividades comunitarias que realizan otras organizaciones e instituciones.
- Existencia de prejuicios mutuos entre las organizaciones y organismos.
- Diferencias significativas en cuanto a la interpretación de la realidad y las metodologías que utilizan en sus intervenciones comunitarias
- Acciones desarrolladas en respuesta a lineamientos verticalistas y no a necesidades comunitarias.
- Búsqueda de protagonismo y lucha por cuotas de poder.
- Débil reconocimiento de la figura del delegado del Poder Popular como "eje" natural de este proceso.
- Insuficiencias en la concertación de los proyectos comunitarios con las instancias del gobierno local.

Algunas de las causas de estos problemas se refieren a la falta de conocimiento e información, a la no consideración de la coordinación como un proceso de comunicación que incluye sistemas de información y de relaciones interpersonales e interinstitucionales, a la poca cultura de la colaboración y la cooperación, a la poca o nula participación de los beneficiarios reales de los proyectos, a la indefinición de los roles y tareas y a la no eficiencia de espacios comunes de convocatoria y reflexión.

De esta forma se reconocen, a partir de la sistematización realizada, algunos elementos claves para mejorar los procesos de coordinación, entre los que se encuentran:

- Conocer la comunidad, sus necesidades, demandas y potencialidades.
- Conocer los organismos y organizaciones que actúan desde y sobre la comunidad.
- Elaborar proyectos conjuntos que se conozcan y compartan.
- Delimitación clara de roles y responsabilidades.
- Promover la máxima participación de todos los beneficiarios.
- Desarrollar un sistema de información interna y externa, que permita contar con la información necesaria y pertinente, y la promoción y divulgación de los resultados que se van obteniendo.
- Definición, gestión y aprovechamiento eficaz y conjunto de los recursos que demandan los proyectos.
- Establecer un cronograma de trabajo.
- Implementar procesos de estimulación a las personas, instituciones y organizaciones que se involucren en los procesos comunitarios.
- Desarrollar, conjuntamente, acciones dirigidas a la preparación de los implicados para el desarrollo de habilidades y capacidades.

En el camino a la integración comunitaria, que transita necesariamente por procesos participativos y de coordinación, las múltiples iniciativas sociales de trabajo comunitario se concretan en una planificación colectiva para el logro de un desarrollo local armónico.

En estos procesos de desarrollo comunitario el trabajo cultural juega un papel fundamental y su acento está dado en el desarrollo de un modelo esencialmente participativo en donde la integración de las instituciones culturales (museos, casas de cultura, bibliotecas, galerías de arte, cine y salas de video, entre otras que en cada localidad puedan existir) junto al resto de las instituciones y organizaciones que actúan en el territorio deben dar una respuesta más específica a la rica diversidad que caracteriza la cultura local y por tanto la cultura nacional.

ALGUNOS ASPECTOS PARA DECLARAR UNA INSTITUCIÓN DOCENTE COMO CENTRO CULTURAL MÁS IMPORTANTE DE LA COMUNIDAD.

INDICADORES DE MEDIDAS.

1.- Grado de desarrollo de la cultura general integral que manifiestan los educandos, en correspondencia con su nivel escolar.

- Dominio del significado de la letra y la música del Himno Nacional del País, así como la entonación adecuada.
- Conocimiento de la Historia local y nacional
- Atención sistemática a las tarjas y monumentos del radio de acción donde viven.
- Dominio y divulgación de obras musicales basadas en nuestra historia y tradiciones culturales.
- Adecuado uso y dominio de las informaciones de la prensa escrita, radial y televisiva como medio de información político y cultural.
- Generalización y aplicación de experiencia Pedagógicas de avanzadas.

2.- Nivel alcanzado por los estudiantes en la capacidad de apreciación y creación artística, literaria y audiovisual.

- Desarrollo de manifestaciones artísticas teniendo en cuenta lo autóctono de cada lugar y el aprovechamiento del potencial humano de los Instructores de Arte y promotores culturales de la escuela y la comunidad.
- Cumplimiento de las acciones estratégicas del Programa Nacional de la lectura.

- Aprovechamiento del potencial humano de los Instructores de Arte y promotores culturales para la organización y desarrollo de actividades culturales de calidad en las escuelas y la comunidad.
- Participación activa de los estudiantes en los diferentes concursos
- Organización y desarrollo de los festivales infantiles y de aficionados.
- Diseño y desarrollo de proyectos culturales concretos, donde se muestre el nivel alcanzado por los estudiantes en la capacidad de apreciación y creación artística, literaria y audiovisual.
- Creación de la Brigada artística de la escuela dirigida por Instructores de Arte y promotores culturales y su participación en actividades que se planifiquen en la comunidad.

3.- Participación en la solución de los problemas socioculturales de la comunidad manifestados en:

- Desarrollo de actividades políticas y culturales de conjunto con las instituciones culturales y sociales de la comunidad.
- Funcionamiento estable del Consejo de Escuela, la Familia y Comunidad.

4.- Educación formal que manifiestan alumnos, docentes y demás miembros de la comunidad

- Adecuada organización escolar.
- Correcto uso del uniforme escolar, presencia personal de maestros y trabajadores
- Nivel de comportamientos expresados en modos de actuación concientes, uso de la voz y hábitos culturales dentro y fuera del centro.
- Uso y conservación de bienes culturales

5.- Calidad del entorno sonoro y visual de la institución educativa.

- Limpieza y embellecimiento de la escuela y el entorno comunitario con sentido estético.
- Creación de un clima agradable.

- Arreglo y actualización de los murales y vallas cercanos al entorno comunitario.
- Uso adecuado del repertorio, los bailes y otras tradiciones culturales de la comunidad

6.- Ejemplaridad que irradia la institución educativa a su comunidad.

- Nivel de las opiniones emitidas por las familias y los miembros de la comunidad sobre el quehacer de la institución.
- Estímulos y reconocimientos que se le otorgan a la institución.
- Divulgación y estimulación de los miembros de la comunidad que más se destacan en las actividades programadas durante todo el año.

PROCEDIMIENTOS PARA LA EVALUACIÓN DE LOS CENTROS.

Se creará una comisión permanente que involucre todos los factores que intervienen en la comunidad, incluyendo la escuela como centro cultural más importante, y evaluará de forma sistemática y dinámica las actividades desarrolladas durante los diferentes periodos del año.

ACTIVIDADES QUE SE PUEDEN ADAPTAR Y DESARROLAR EN LAS COMUNIDADES.

Algunos autores han investigado y expresado sus criterios sobre actividad, para hacer alusión debemos iniciar planteando que la actividad valorativa es el modo en que existen las necesidades e intereses del hombre y se expresa en las relaciones valorativas y en los valores; le permite al sujeto conocer los objetos a partir de su valor, su significado (para los otros) y de su sentido (para sí) desde el punto de vista utilitario, moral, político y cultural.

Viviana González Maura en su libro de psicología para educadores, se refiere a la actividad como "Proceso mediante el cual, respondiendo a sus necesidades, se relacionan con la realidad adoptando determinada actitud hacia los mismos.

El aprendizaje puede ser posible cuando el estudiante realiza actividades que le permita, mediante el proceso de investigación, apropiarse de los conocimientos, habilidades y hábitos, los cuales una vez asimilados, regulan la actividad y se manifiestan en lo aprendido (exteriorización) con la calidad que evidencia el nuevo nivel del desarrollo alcanzado, Actividad: son aquellos procesos mediante los cuales el individuo respondiendo a sus necesidades se relaciona con la realidad. Adoptando de esta manera determinada actitud hacia un medio.

Actividades de promoción cultural y para la protección del medio ambiente que se pueden materializar a través del trabajo extensionista.

Actividad 1. Convocatoria al concurso décima medioambiental.

Objetivo: Familiarizar los estudiantes y comunitarios con los principales problemas del medio ambiente que afectan la comunidad, para que puedan expresarlo a través de sus composiciones e improvisaciones.

Metodología. Para la efectividad de esta actividad el profesor debe de crear las condiciones necesarias y los medios disponibles como audiciones, videos de improvisaciones y asesoramiento directo del instructor de arte, promotor cultural y aficionados al repentísimo para motivar y guiar los participantes hacia el objetivo propuesto.

En esta actividad se pueden seleccionar según el interés de los participantes los temas relacionados con el medio ambiente como:

- La contaminación de las aguas.
- Para preservar la supervivencia de la especie humana
- Las nuevas generaciones combaten los problemas del medio ambiente.
- ¿Cómo cuido mi comunidad?

Luego los estudiantes van a elaborar algunas composiciones y décimas sobre el medio ambiente y posteriormente con el acompañamiento del instructor de arte y el promotor, se procederá a darles lecturas a las improvisaciones que fueron capaces de crear.

Evaluación. Puede ser valorada por el colectivo de estudiantes, teniendo en cuenta la calidad y entonación requerida en cada improvisación. La actividad puede extenderse a nivel de centro y comunidad para rescatar y motivar las personas hacia las tradiciones más genuinas que nos identifican como cubano en el cuidado y protección del medio ambiente.

Actividad 2. “La Cucalambeana desde mi comunidad”

Objetivo: Efectuar actividades de promoción cultural y protección del medio ambiente en la jornada Cucalambeana desde el consejo popular.

Metodología. Se coordinará con los factores de la comunidad, aficionados, especialista de la casa de cultura entre otros, para dedicar las actividades de la cucalambeana al medio ambiente, donde se involucren los artistas, aficionados y todas las personas que han contribuido con su accionar al cuidado y protección del medio ambiente

Se escogerá una comunidad de referencia en las principales tareas que se han realizado en la localidad sobre el tema del medio ambiente. En el parque del Reparto Cepero Bonilla, comunidad cercana a la Filial, el especialista nos dará la bienvenida y mostrará el programa por el que se guiaran los estudiantes e invitados para participar en las actividades.

Demostrar el conocimiento adquirido en cuanto a las tradiciones culturales campesinas que fueron estudiadas e investigadas por ellos mismos, se sugiere que el estudiante y participantes lleven el vestuario típico del campesinado cubano (sombrero de guano, guayabera, pantalón)

Los participantes serán atendidos por el promotor y asesores de las diferentes manifestaciones del arte., décima mural, cuentos y juegos tradicionales, artes plásticas, teatro, danza). También se pueden exponer e intercambiar el plato tradicional mejor elaborado.

Evaluación. Se intercambian y exponen criterios y vivencias de todo lo sucedido.

Actividad 3: la historia de mi localidad.

Objetivo: reafirmar en los estudiantes los conocimientos sobre el surgimiento del arte como una necesidad humana, que forma parte de la vida del hombre, así como el desarrollo alcanzado en la localidad en las diferentes esferas de la sociedad

Metodología. La clase debe impartirse en la sala o salas, siempre que existan condiciones materiales e higiénicas. Si fuera posible se debería crear un local en el museo habilitado con estos fines. En la actividad a realizar lo fundamental es que su contenido se sustente en las observaciones previas o posteriores que realicen los estudiantes

Visita al museo con anticipación para coordinar con el guía del museo el objetivo de la actividad. Posteriormente se precisará con los estudiantes el objetivo de la actividad, y se les orientará sobre los aspectos que deben tener en cuenta durante la visita. Las actividades se pueden organizar por equipos según las características del grupo.

1ra. Sala Ambientación, origen y fundación de la localidad. (Equipo 1)

- ¿Que animales constituyen la fauna de nuestra región?
- ¿Qué cuidado debemos dar a las plantas y animales de nuestra región?
- ¿Cual es el antiguo nombre de nuestro poblado y porque se le denominó el mismo?
- ¿Donde está ubicado? ¿Cuáles son sus límites?
- Observa y comenta sobre los restos óseos, conchas y utensilios indígenas pertenecientes a los aborígenes de la región.

2 da Sala. Desarrollo Industrial. Sus orígenes y cultura. (Equipo 2)

- ¿Que instrumentos musicales aprecian en esta sala que fueron utilizados en los festejos culturales de tu localidad?
- ¿Qué agrupaciones o aficionados a la música de tú localidad conoces?
- ¿Qué industrias conforman el desarrollo industrial de la localidad?
- ¿Qué importancia tiene la industria azucarera para el desarrollo de la localidad?
- ¿Comenta sobre las fiestas y costumbres que observan en las fotos y archivos pertenecientes a la localidad?

3ra Sala. Logros de la revolución. (Equipo 3)

- Mostrar el desarrollo que ha alcanzado la localidad, después del triunfo de la Revolución.
- Medallas y diplomas de artistas y deportistas de la localidad.

- Objetos, cartas, medallas de maestros destacados en la campaña de alfabetización.
- Imágenes de las misiones internacionalistas en diferentes países.

Como conclusión de las visitas se les orienta realizar por escrito un resumen de las consecuencias que pueden provocar la contaminación ambiental para la protección y conservación de todos las piezas expuestas en las salas del museo, sino somos consecuentes con las medidas que debe tomar el hombre para preservar la especie humana.

Actividad 4. GEO. Juvenil Cuba, una ventana a la realidad ambiental en el verde caimán.

Objetivo: resaltar los valores del libro GEO Juvenil Cuba.

Metodología. Lectura y debate de artículos que aparecen en la revista juvenil, donde debe prevalecer:

- Activa participación de los jóvenes cubanos en las acciones asociadas al cuidado del medio ambiente.
- Papel protagónico de las Brigadas Técnicas Juveniles (BTJ), movimiento científico técnico juvenil con un en las actividades ambientalistas del país.
- Identificar y unir de a las jóvenes generaciones con la finalidad común de proteger el medio ambiente.
- Promover la solidaridad, cooperación y amistad, como valores humanos esenciales.

Actividad 5. Hablar sobre lo que rodea a mi comunidad.

Objetivo: Elaborar diálogos donde utilicen pronombres interrogativos, adjetivos a través de situaciones dadas, en tu comunidad en cuanto a situación ambiental.

Metodología. Las tarjetas debe contener una situación que posibilite formular preguntas y responderlas, lo realizará a través de una conversación. Estas tarjetas tendrán información sobre los problemas ambientales del entorno del centro.

- Se recomienda el uso de trabajo en tríos, y la confección de tarjetas con la información que utilizaran los estudiantes para facilitar el intercambio mediante preguntas y respuestas.
- Se evalúan las respuestas.

Actividad 6. Cultura energética, responsabilidad del hombre en la sociedad. Libro-debate.

- Título de la obra: Ahorro de energía y respeto ambiental. Bases para un futuro sostenible.

Objetivo: debatir el libro, del Programa de Ahorro de Electricidad en Cuba (PAEC), para la enseñanza media a través de las ideas que aborda sobre cómo extender la educación energética a todos los niños y jóvenes del país.

- Metodología: antes de iniciar, el bibliotecario distribuye a todos los participantes un volante con las normas establecidas para garantizar la efectividad del debate y pide la colaboración de todos para que se cumplan de forma absoluta en todas las actividades.
- Analice la frase siguiente:" Piensa globalmente, actúa localmente." Este es el lema del movimiento ambientalista internacional.
- Preguntas
- ¿Cree realmente que un simple ciudadano pueda hacer una contribución significativa a la protección del medio ambiente a través del ahorro de energía? Fundamente su análisis ofreciendo ejemplos.
- ¿Cómo valoran las ideas expuestas en la obra sobre el aprovechamiento pasivo de la energía solar?
- El horario de verano es una medida que nos acerca alo naturales decir, un ajuste normal de nuestros organismos a los amaneceres cambiantes.
- ¿Qué repercusión positiva tiene la aplicación de esta medida sobre la salud de la población?

• ¿Por qué es importante tomar conciencia hoy de la cultura del cuidado de la energía como parte de nuestra vida diaria, e inculcarla de ese modo a toda la sociedad?

Al finalizar la actividad se evalúan y estimulan las mejores respuestas, escuchando el criterio de todos los implicados.

CONCLUSIONES

Al implementarse las actividades extensionistas en la práctica pedagógica se constató un ascenso considerable en el desarrollo de habilidades como: apreciar, identificar y valorar, se pudo contactar un avance considerable con respecto a los problemas que afectan el proceso docente educativo del estudiante universitario desde su radio de acción (escuela –familia comunidad).

Las actividades implementadas evidencian la dinámica que se establece entre los componentes del proceso para elevar la cultura general integral del individuo.

Los resultados fueron alentadores desde el punto de vista cualitativo y cuantitativo, para desarrollar actividades extradocentes de carácter extensionistas, así como los estudios sistemáticos de carácter investigativo que ayuden a resolver los problemas que enfrenta el hombre., en el conocimiento, comprensión, motivación e identificación de los beneficiarios e implicados, en cuanto a la esencia, alcance y ventajas de cualquier proyecto educativo, l manifestado a través de su conciente participación (Esto sugiere una sistemática comunicación, intercambio y actualización entre promotores, receptores e implicados en cada actividad).

La búsqueda de mecanismos, métodos adecuados de organización, control, evaluación y estimulación, que permitan echar a andar y, lo que es más importante , mantener en constante movimiento todo el engranaje de factores implicados en la consecución de las metas previstas en cada actividad que se desarrolla, será el factor determinante para el logro exitoso del trabajo comunitario.

La pertinencia del tema está dada en que el sistema categorial diseñado está sustentado en las ciencias pedagógicas, vinculada a los fundamentos teóricos desde un modelo de la Educación Artística y la implicación que representa la misma en la formación de la identidad cultural local, en el vínculo escuela-familia-comunidad como elemento básico para entender los orígenes de un pueblo y la forma de reflejarlo en su devenir social, desde la relación entre el pasado, el presente y el futuro.

BIBLIOGRAFIA

ABDULINA. O. A Y COAUTORES _______. Hacia una escuela de excelencia. Editorial Academia. La Habana, 1996.

________. Pedagogía Editorial de libros para la Educación. Ministerio de Educación. Ciudad de La Habana, 1981.

ACOSTA, LEONARDO. Música y descolonización. La Habana. Ed. arte y literatura, 1992.

AGUILAR DÍAZ, CÁNDIDO (1998). Fortalecimiento de valores: una necesidad de todos los tiempos. Camaguey, ISP José Martí.

ÁLVAREZ PÉREZ, MARIA Y COAUTORES. Interdisciplinariedad: Una aproximación desde la enseñanza-aprendizaje de las Ciencias, Edit. Pueblo y Educación. La Habana, 2004.

AMADOR MARTÍ, A. Y OTROS. Conoces a tus estudiantes.__ La Habana: Ed. Pueblo y Educación. AYES, G. N. Medio Ambiente: Impacto y desarrollo. Ed. Científico – Técnica. La Habana. 2003.

APRECIACIÓN DE LAS ARTES VISUALES. Ramón Cabrera - La Habana. Editorial Pueblo y Educación, 1978.

ARANGUREN, JESÚS y otros. Los sistemas ecológicos una visión integradora. La biosfera: el ecosistema mayor. Curso de Formación de Profesores de Ciencias. 2004.

ARIAS HERRERA. La comunidad y su estudio. La Habana. Ed pueblo y educación 1999.

CADUTO, MICHEL. Guía para la enseñanza de valores ambientales. Departamento de Ciencia Educación Técnica Ambiental. Madrid. 1992.

CÁRDENAS GONZÁLEZ, MIRTA Y COAUTORES. El pensamiento de Fidel Castro sobre educación. Editorial Academia. La Habana, 2005.

CASTRO DIAZ-BALART, F. Energía nuclear y desarrollo: Realidades y desafíos en los umbrales del siglo XXI. La Habana. Ed. Ciencias Sociales. 1990.

CASTRO RUZ, F. Discurso pronunciado en la Conferencia de las Naciones

Unidas sobre asentamientos humanos (Hábitat II). Granma, 15 de junio de 1996

COLECTIVO DE AUTORES: ¿De quién es la iniciativa en el desarrollo comunitario? Claves para la Educación Popular. Editorial Popular S. A Madrid, 1989.

DERICHE, YAMILE: ¿La participación: desde dónde y por qué? Tesis de Maestría en Intervención Comunitaria. La Habana, 1999.

ESCALANTE, R. Y MIÑANO, M.: Desarrollo de la comunidad. Ediciones Oasis, S.A. México, 1984.

ESTRATEGIA AMBIENTAL NACIONAL. LA HABANA. Ed. Geo. 1997

Estrategia NACIONAL DE CULTURA AMBIENTAL (ENEA). La Habana. Editado por CIDEA. 2007.

GUÉDEZ, VÍCTOR: Integración: cooperación con solidaridad. Gente Nueva Editorial. SECAB, 1994. . Linares, Cecilia y otros: ¿La participación, solución o problema? Editorial José Martí. La Habana, 1996.

GUILLÉN, F. C. Educación, medio ambiente y desarrollo sostenible. Revista Iberoamericana de Educación. No. 11, may.-ago., 1996.

HENRÍQUEZ, B. Las fuentes renovables de energía. Energía y tú. No. 10, Octubre diciembre. 1997.

MARCHIONI, M. Comunidad, participación y desarrollo. Teoría y metodología de la intervención comunitaria. Editorial Popular, S.A.1999.

PROYECTO DE PROGRAMA DE TRABAJO COMUNITARIO INTEGRADO. Grupo Ministerial para el Trabajo comunitario Integrado. La Habana; 1996

SÁNCHEZ ORTEGA P. (2009) Arte, Educación y Sociedad. La Habana Educación Cubana.

SEIJAS BAGUÉ C. La Identidad Cultural en las disciplinas del ciclo artístico. La Habana: Editorial Pueblo y Educación.

RODRÍGUEZ IZQUIERDO N. (2010) Folleto para promotores culturales de la educación primaria. La Habana. Educación y Cultura.

Autor. **MSc Vicente Martínez Estrada** (asistente).
Universidad de Ciencias Pedagógicas: “Pepito Tey” Las Tunas. Cuba.
vicenteme@ucp.lt.rimed.cu

Coautores. **MSc Reinerio Saborit Garcés** (auxiliar)
Universidad de Ciencias Pedagógicas: “Pepito Tey” Las Tunas. Cuba.
saborit0106@ucp.lt.rimed.cu

MSc Yuniett Rivero Suárez (asistente).
Universidad de Ciencias Pedagógicas: “Pepito Tey” Las Tunas. Cuba.
yuniers@ucp.lt.rimed.cu

Printed by Books on Demand GmbH, Norderstedt / Germany